世界大人物 艺术大家

钟绍 编写

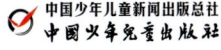

中国少年儿童新闻出版总社
中国少年儿童出版社

北京

图书在版编目（CIP）数据

艺术大家 / 钟绍编写 . -- 北京：中国少年儿童出版社，2023.12
（百角文库 . 世界大人物）
ISBN 978-7-5148-8447-0

Ⅰ . ①艺… Ⅱ . ①钟… Ⅲ . ①艺术家 - 列传 - 世界 - 少儿读物 Ⅳ . ① K815.7-49

中国国家版本馆 CIP 数据核字 (2024) 第 006264 号

YISHU DAJIA
（百角文库·世界大人物）

出版发行：中国少年儿童新闻出版总社
中国少年儿童出版社

执行出版人：马兴民

丛书策划：马兴民　缪　惟	美术编辑：徐经纬
丛书统筹：何强伟　李　橦	装帧设计：徐经纬
责任编辑：徐　伟	标识设计：曹　凝
执行编辑：万书源	封面图：赵墨染
责任校对：刘　颖	责任印务：厉　静

社　　址：北京市朝阳区建国门外大街丙 12 号	邮政编码：100022
编辑部：010-57526879	总编室：010-57526070
发行部：010-57526568	官方网址：www.ccppg.cn

印刷：河北宝昌佳彩印刷有限公司

开本：787mm×1130mm　1/32	印张：2.875
版次：2024 年 1 月第 1 版	印次：2024 年 1 月第 1 次印刷
字数：30 千字	印数：1—5000 册
ISBN 978-7-5148-8447-0	定价：12.00 元

图书出版质量投诉电话：010-57526069　　电子邮箱：cbzlts@ccppg.com.cn

序

提供高品质的读物，服务中国少年儿童健康成长，始终是中国少年儿童出版社牢牢坚守的初心使命。当前，少年儿童的阅读环境和条件发生了重大变化。新中国成立以来，很长一个时期所存在的少年儿童"没书看""有钱买不到书"的矛盾已经彻底解决，作为出版的重要细分领域，少儿出版的种类、数量、质量得到了极大提升，每年以万计数的出版物令人目不暇接。中少人一直在思考，如何帮助少年儿童解决有限课外阅读时间里的选择烦恼？能否打造出一套对少年儿童健康成长具有基础性价值的书系？基于此，"百角文库"应运而生。

多角度，是"百角文库"的基本定位。习近平总书记在北京育英学校考察时指出，教育的根本任务是立德树人，培养德智体美劳全面发展的社会主义建设者和接班人，并强调，学生的理想信念、道德品质、知识智力、身体和心理素质等各方面的培养缺一不可。这套丛书从100种起步，涵盖文学、科普、历史、人文等内容，涉及少年儿童健康成长的全部关键领域。面向未来，这个书系还是开放的，将根据读者需求不断丰富完善内容结构。在文本的选择上，我们充分挖掘社内"沉睡的""高品质的""经过读者检验的"出版资源,保证权威性、准确性,力争高水平的出版呈现。

通识读本,是"百角文库"的主打方向。相对前沿领域,一些应知应会知识,以及建立在这个基础上的基本素养,在少年儿童成长的过程中仍然具有不可或缺的价值。这套丛书根据少年儿童的阅读习惯、认知特点、接受方式等,通俗化地讲述相关知识,不以培养"小专家""小行家"为出版追求,而是把激发少年儿童的兴趣、养成正确的思考方法作为重要目标。《畅游数学花园》《有趣的动物语言》《好大的地球》《看得懂的宇宙》……从这些图书的名字中,我们可以直接感受到这套丛书的表达主旨。我想,无论是做人、做事、做学问,这套书都会为少年儿童的成长打下坚实的底色。

中少人还有一个梦——让中国大地上每个少年儿童都能读得上、读得起优质的图书。所以,在当前激烈的市场环境下,我们依然坚持低价位。

衷心祝愿"百角文库"得到少年儿童的喜爱,成为案头必备书,也热切期盼将来会有越来越多的人说"我是读着'百角文库'长大的"。

是为序。

马兴民

2023年12月

目 录

1　达·芬奇

19　米开朗琪罗

38　伦勃朗

50　莫扎特

67　贝多芬

达·芬奇

（1452—1519）

"绘画是自然的女儿"

列奥纳多·达·芬奇，意大利文艺复兴时期的画家、自然科学家、工程师和哲学家。他广泛地研究与绘画有关的光学、地质学、生物学、人体解剖学、数学等多种学科。壁画《最后的晚餐》和肖像画《蒙娜丽莎》不仅标志着达·芬奇艺术成就的最高峰，还是世界绘画史上传世的经典作品。他的艺术实践和科学探索精神，深刻影响着一代又一代的人。

绘画神童

达·芬奇出生在意大利名城佛罗伦萨附近的一个小山村里。他在祖父的抚养下度过了幸福的童年。

小达·芬奇一头金发，聪明活泼，兴趣广泛。他从小手刚能拿起笔就开始画呀画的。有一次，他给祖父画了一幅肖像，受到了称赞，从此迷上了绘画。他恳求在佛罗伦萨当律师的父亲，允许他去外边拜师学画，被父亲拒绝了。当时，画家是被人歧视的下等人，父亲的愿望是让儿子长大后也当一名律师。

一天，父亲回家时碰上一位农民，他用无花果树精心制作了一面盾牌，想在盾牌上画一幅画，请达·芬奇的父亲帮忙。父亲知道儿子喜欢画画，就叫他试试，也想看看他究竟画得怎么样。

小达·芬奇把盾牌拿回家后，他决心要画出一种出其不意的效果。"既然是盾牌画，一定要让人望而生畏才行。"他说道。他想起希腊神话中一个女妖的传说，就据此构思起这个女妖的形象。他利用自己搜集的蜥蜴、刺猬、壁虎、蛇蝎、蜻蜓、蚂蟥、萤火虫等动物形象，拼凑出一个吓人的蛇发女妖，它的每一根头发都是一条毒蛇，长着一双火球般的眼睛，嘴里不住地吐着火舌，鼻孔还喷着毒气。

父亲仔细看了看儿子的"杰作"，觉得他画得确实不错，就把这面盾牌用100金币的高价卖给了一个商人，商人一转手，竟然以300金币卖给了一位公爵。后来，父亲又从商店里买了一面盾牌还给那个农民。这一出一进，父亲还是赚了钱。更重要的是,通过这件事,父亲知道了儿子的绘画才能,终于同意让儿子出去学习绘画了。

入室弟子

达·芬奇14岁这年,被父亲送到佛罗伦萨,成了著名艺术家韦罗基奥的入室弟子,开始接受严格的绘画训练。

韦罗基奥是一位多才多艺的艺术大师,他不仅教达·芬奇绘画,还用自己在雕刻、建筑、机械,以及天文、地理、数学、音乐等方面的广博知识,去充实达·芬奇的头脑,使达·芬奇受到充分的艺术熏陶。

1472年,年仅20岁的达·芬奇被佛罗伦萨画家行会吸收为会员,表明他已经是社会公认的画家了。但是他与培养自己成才的韦罗基奥建立了深厚的感情，舍不得离开自己敬爱的老师，仍留在韦罗基奥的画坊中给老师当助手。在往后的几年中，达·芬奇更仔细地揣摩韦罗基奥的绘画技艺和风格，艺术水平很快就和老师不相上下。最终，他超过了韦罗基奥，成为意大利文艺复兴时期最杰出的艺术大师。

"科学迷"的"飞行梦"

达·芬奇不但是一个卓越的画家，而且还是一个天才的科学家。

他从小就好动脑筋，脑子里装满了各种各样的问题：萤火虫为什么能发出幽蓝色的光？蝙蝠为什么能自由自在地飞翔？鲜花为什么会色彩缤纷……为了解开这些谜，他把各式各样的纸盒、罐头盒和木箱子都利用起来，装上各种类型的昆虫，观察和了解它们的习性。

达·芬奇当了韦罗基奥的入室弟子以后，仍没有放弃自己的爱好。除了韦罗基奥，他还特别崇拜著名的数学家、天文学家、医生和哲学家托斯卡内利，成了他家里的常客。达·芬奇除了学习几何、数学，还第一次探索了神秘的"哲学王国"。

达·芬奇成为著名画家以后，他仍然保持着对自然科学的浓厚兴趣。他每到一个地方，都要在自己的住宅里安排两个房间，一个是画室，一个是实验室。他在这些实验室里，对当时几乎所有的学科都进行了深入的研究，包括被人们视为"禁区"的解剖学。

为了能让人类像鸟儿一样展翅蓝天，达·芬奇做了一辈子"飞行梦"。有一次，一个学生为达·芬奇捕获了一只鹞鹰，这可把他高兴坏了。他立即放下手里的事，仔细量了这只飞鸟翅膀的长度、推算升力的大小，想象着其飞行的姿态，并且绘制出一幅精确的解剖图。

经过长期研究，达·芬奇绘制了一幅又一幅飞行器的草图，制作了一个又一个飞行器模型，还用绳索、滑轮和杠杆组成飞行器的动力系统……如果不是受当时条件的限制，他差不多已经成功了。

达·芬奇虽然没能让自己的"飞行器"飞上蓝天，但是，他的奇妙构思却为后人提供了宝贵的素材。直到今天，"鸟人"还是富于幻想的科学家们追求的对象。

一举成名

有一次,韦罗基奥受一个大教堂的委托,绘制一幅名叫《基督受洗》的祭坛画,这幅画长约177厘米,宽约151厘米。

韦罗基奥花了将近一年的时间,把画面上的人物都画完了,可背景还没有画。按规定,韦罗基奥必须在复活节前交画,不然就要受罚。这时离复活节只有7天了。尽管韦罗基奥焦急万分,但他既不愿意糊弄别人,更不愿意糊弄自己,坚持要把画画好,就带着达·芬奇到距佛罗伦萨40公里的希莫尼湖去写生,准备画背景的素材。不料,画儿还没画好,韦罗基奥却患了重感冒,高烧不退,不能及时赶回佛罗伦萨,只好委托达·芬奇去完成壁画最后的部分。

达·芬奇赶回佛罗伦萨后，体会着老师的创作意图，模仿着老师的绘画风格，经过一整天的辛勤劳动，终于把背景画好了。可他万万没有想到，他的几位师兄因为嫉妒他的才能，竟然趁他不在，刮掉了画中那个手捧圣衣的天使形象。

"天哪，这是老师用我做模特画的呀！"达·芬奇见画好的画被刮得不成样子，心疼地叫起来。

他感到事情非常严重，时间太紧迫了，为了维护老师的声誉，他当机立断，找出老师原来的画稿，对着镜子用自己当模特，重新画出了这个天使。

"谢谢你，经你这么一改，这幅画变得更加完美了。任何人都看得出来，这幅画最出色的部分就是你重画的这个天使！"老师看了，不由得连声赞叹。

由于《基督受洗》这幅画的成功,年轻的达·芬奇一举成名,成为佛罗伦萨最著名的画家之一。

《最后的晚餐》

1482年,达·芬奇从佛罗伦萨来到米兰。在这里,他以军事工程师、建筑师、画家、雕刻家和宫廷乐师的身份工作了17年,创作出举世闻名的壁画《最后的晚餐》和祭坛画《岩间圣母》,加上后来创作的肖像画《蒙娜丽莎》,被美术史家称为他一生的三大杰作。

《最后的晚餐》是从1495年到1498年的3年间画成的,但如果从他进行创作准备算起,这幅画的完成共用了20年的时间。

在进入创作高潮的日日夜夜，达·芬奇全神贯注，到了废寝忘食的程度，忙碌得像个疯子。有时，他一大早就攀上脚手架，从太阳升起一直画到夜幕降临。有时，他三四天不动一笔，站在画前沉思，一站就是一两个小时。有时，哪怕是正午太阳最毒的时候，他忽然来了灵感，也会不顾一切地奔向格拉契修道院，迅速爬上脚手架，在壁画的某个部位添上几笔。为了准确地把握画中人物的身体结构，他还不顾教会的禁令，亲自解剖了30多具尸体。

《最后的晚餐》取材于《圣经》中犹大出卖耶稣的传说故事。耶稣一共有12个门徒，当耶稣的宗教敌人想害死耶稣的时候，犹大为了30枚银币出卖了耶稣。壁画表现的情景是：耶稣知道自己的死期临近了，和12个门徒共进最后的晚餐，进餐中，耶稣揭露了犹大的叛变行为。后来,犹大提前离席,为敌人通风报信,并带领敌人来捉拿耶稣。

这一天,达·芬奇已经把耶稣和他的11个门徒都画好了,只剩下叛徒犹大难以下笔。为了更深刻更传神地表现犹大的叛徒形象,他索性停止了作画。

修道院里的人急了,跑到米兰的大公那里去告状,说达·芬奇正在"磨洋工"呢!大公把达·芬奇和修道院的人叫来,仔细询问了一番。达·芬奇把情况原原本本地解释了一遍,最后说:

"有天资的人,当他们工作最少的时候,实际上是工作最多的时候,因为他们需要时间来构思,并形成成熟的想法,然后才能通过他们的手表达出来。"

大公听了达·芬奇的话,连连点头,称赞

他工作态度认真。修道院的人自讨没趣，灰溜溜地走了。

《最后的晚餐》全部画好了。画面上，一张狭长的桌子，盖着蓝花的白桌布，放在三扇窗户的前面，光线射进来，照着背窗而坐的耶稣，两边各坐着6个门徒，耶稣正在痛心地说："你们当中有一个人将出卖我。"12个门徒的面部表情和身体姿态，表现出他们在耶稣说完话后的各种反应，其中犹大隐在阴影里，他的难以觉察的反应和诡诈的双眼暴露了他的罪行。

壁画完成后历经了500多年，虽然今天已经失去了当年的色泽和光彩，但这幅艺术杰作的光辉是永远不会磨灭的。

"神秘"的微笑

从1503年到1506年,达·芬奇用了4年时间,完成了他最杰出的作品《蒙娜丽莎》。这幅长约77厘米、宽约53厘米的肖像画,以蒙娜丽莎那"神秘的微笑"征服了全人类至今已5个多世纪。

达·芬奇为了创造出一个现实生活中活生生的人物,花了很大的心血。模特是佛罗伦萨一位官员的第三位妻子(也有人认为模特就是达·芬奇本人)。为了唤起她发自内心的微笑,达·芬奇把乐队都请到画室里来了。

创作是断断续续进行的,要让模特总是保持着理想的自然表情是不可能的,这就需要画家具有敏锐的观察力和鲜明的视觉记忆力。

达·芬奇正是靠这种能力才完成了这幅杰作。

一次,有人向达·芬奇请教获得这种能力的经验,他说:

"您只需要在睡醒后和睡觉前,在暗中将你所画的物体的轮廓,运用想象回忆一遍。我在创作过程中一向如此。"

当《蒙娜丽莎》画好后,有人称赞肖像表现了人的生命力时,达·芬奇非常严肃地说:

"这是尊重生命自然法则的结果,谁不尊重生命,谁就不配有生命。"

可以说,《蒙娜丽莎》以一个年轻女性的微笑,在宗教思想的禁锢(gù)中,举起了人性的旗帜,同时也表达了自己歌颂生命的人生理想。

画中蒙娜丽莎的右手是绘画史上最美的一只手,它能使人感到脉搏的跳动和温馨的气息。

当然,最诱人的还是蒙娜丽莎那"神秘"的微笑。

画家们常说:"人的笑容主要通过眼角和嘴角的变化表现出来。"

达·芬奇偏偏把这些部位画得似隐似现,使人捉摸不定,神秘感就这样产生了。画的远景是左低右高的,当人们从左向右欣赏这幅画时,人物便渐渐下降,反方向欣赏时,人物又渐渐上升。这些巧妙的构思和高超的手法,使《蒙娜丽莎》产生了无穷的韵味和永恒的魅力。这幅名画今天珍藏在法国巴黎的卢浮宫博物馆里,长久地供人们欣赏。

"万能巨人"

达·芬奇的晚年生活是在奔波和劳碌中度过的,米兰、佛罗伦萨、威尼斯、罗马都留下了他匆忙的足迹。他还应法国国王的邀请,到法国去从事科学研究,为国王设计宫殿,规划运河灌溉系统,直到病死在异国他乡。

不论走到哪里,达·芬奇只要有了新的感受,就立即拿出随身携带的笔记本,记下他对大自然的观察和对人生的感受:

"太阳是不动的。"这表明他和波兰天文学家哥白尼几乎同时发现了"太阳中心说"。

"理论脱离实践是最大的不幸。真理只有一个,它不是在宗教中,而是在科学中。"这体现了他的无神论思想和科学精神。

"眼睛是心灵的窗子。"他是第一个做出这种比喻的人,只有哲学家的头脑和诗人的情感才能孕育出这样绝妙的语言。

他对于绘画的最高度的概括是:"绘画是自然的女儿。"

达·芬奇留下的精神财富太丰厚了。他的学生和朋友弗朗西斯科·梅尔齐说：

"达·芬奇的死是每一个人的损失……大自然没有能力重新创造出一个同样的人！"

这样的评价是绝不过分的。达·芬奇是他生活的那个时代的"万能巨人"。抛开他在绘画、雕刻等艺术方面的成就不谈，他在自然科学方面的探索和发现，以及他的实验方法，都为后来的哥白尼、伽俐略、牛顿等著名科学家的发明创造开辟了道路。

他不愧是站在时代最前列的巨人中的巨人，是"人类智慧的象征"。

米开朗琪罗

(1475—1564)

文艺复兴时期的高峰

米开朗琪罗·博那罗蒂,意大利文艺复兴时期的雕刻家、画家、建筑师和诗人。他对雕刻艺术有着精深的研究,创作了有名的《大卫》雕像。西斯廷教堂天花板上的壁画《创世记》和祭坛壁上的另一幅壁画《最后的审判》,都是人类艺术宝库中的珍品。这些闪烁着英雄主义光辉的作品,对后世产生了深远的影响。

吃石匠家的奶长大

米开朗琪罗出生在离佛罗伦萨不远的一个小镇。父亲是当地的行政长官。母亲体弱多病,在他6岁时就去世了,他是由奶妈一手抚养大的。

奶妈的丈夫是一位石匠。米开朗琪罗从记事的时候起,就听惯了叮叮当当的雕凿声。他还学着大人的样子凿石头玩,不知不觉地接受了雕刻艺术的熏陶。但当时谁也没有想到,米开朗琪罗的一生竟然和石头结下了不解之缘。

很多年以后,米开朗琪罗还经常对人谈起他喜欢雕刻的原因,说:"我是吃石匠家的奶长大的,所以爱凿石头。"

尽管这是一句半开玩笑的话,但却发自内

心，因为他的确太热爱雕刻艺术了。从这句话还可以看出，他对下层劳动人民是非常尊重的。

父亲并不欣赏米开朗琪罗展露的艺术才华，他坚持让儿子经商，或者成为大银行家，就像当地最显赫的美第奇家族一样。父亲甚至用皮鞭来迫使儿子改变自己的想法。

可是，米开朗琪罗不是那么容易被吓倒的孩子，他12岁那年，终于靠自己不可动摇的决心征服了父亲，争得了外出学艺的机会。

他的第一位老师是佛罗伦萨有名的艺术家。后来，佛罗伦萨的大公美第奇创办了一所美术学校，米开朗琪罗又转入这所学校继续学艺。

有一天，米开朗琪罗在一位富翁家的花园中雕凿一个老人头像，碰巧被主人看见了，主人打量了一会儿雕像后对米开朗琪罗说：

"孩子，你难道不知道，老人总是缺牙断齿吗？"

米开朗琪罗想了想，觉得有道理，就拿起工具，毫不犹豫地敲掉了雕像的一颗牙齿。

主人对米开朗琪罗能够虚心听取别人意见的举动非常满意，就把他带到宫中，让他接触更多的艺术品，和各式各样的学者、艺术家交往，大大开阔了他的眼界，丰富了他的头脑。从此，米开朗琪罗开始了他的艺术生涯。

签上自己的大名

1496年夏，米开朗琪罗怀着远大的艺术理想来到罗马，他要在这座曾经是古代文明中心的城市施展自己的艺术才华。

这位23岁的年轻人一踏上罗马的土地，

就感到非常失望,在罗马辉煌的古代文明的背后,他看到穷人和富人的对立,看到了罪恶和凶杀。正当他闷闷不乐的时候,忽然听到一个消息:罗马圣彼得大教堂要塑造基督和圣母的雕像。

这可是一个施展才华的机会!米开朗琪罗兴奋地想,但应征的人百里挑一,怎样才能战胜那么多的竞争对手呢?

于是他写了一封充满激情的申请书,其中最后一句话是:

"我塑造的基督和圣母雕像,将成为当今没有人能够超越的作品。"

正是这句信心十足的话,使他战胜了所有的竞争者。在他制作雕像的时候,全罗马的艺术爱好者都赶来观看。一天、两天,一个月、两个月过去了,雕像渐渐有了模样……雕塑表现的情景是：已经死去的基督被从十字架上取下来后，圣母玛利亚把他托起，放在自己的膝盖上。头披长巾的圣母搂住遍体鳞伤的基督的样子，欲哭无泪的表情，体现出了伟大的母爱。

经过两年的艰苦创作，雕像终于完成了。米开朗琪罗没有按照惯例把圣母表现得老态龙钟，而是雕塑得异常美丽，看上去比基督还要年轻。这引起了人们的惊奇和争议，有人问：

"您是不是搞错了，圣母怎么会比圣子还显得年轻呢？"

"你们难道不知道？"米开朗琪罗回答，"一个纯洁的女人不是可以把她的青春保持许多年吗？圣母玛利亚就是这样的女人，她从来不向恶势力屈服，她的容貌由于神圣的爱变得永远年轻！"

这部杰作问世后，轰动了整个罗马。很多

慕名前来观赏雕像的人不相信这样完美的作品是一位青年人创作的。米开朗琪罗对这种偏见非常生气，便在这幅和真人差不多一样高的雕像上，在圣母左肩的衣带中间刻上了自己的名字。

从此，雕像《哀悼基督》和作者米开朗琪罗的名声一同传向了世界。米开朗琪罗一生只有这一次在自己的作品上签名，以后，他再也不需要签名了，就像每一座山脉和河流都是独特的一样，米开朗琪罗的杰作都是独一无二的。

巨人大卫

米开朗琪罗26岁时，返回了佛罗伦萨。

一天，他走过佛罗伦萨教堂的庭院，发现了一块三人多高的大理石。这块巨大的大理石已经在那里闲置了46年。他想：

何不用来制作一个雕像呢？那些因为它太大而不敢利用它的人是多么愚蠢啊！

他于是自告奋勇，要把这块华丽的巨石雕成大卫的雕像。大卫是一位古代的英雄，小时候是个牧童，当敌人侵犯他的祖国时，他用甩石机杀死了敌方最凶悍的巨人，拯救了他的民族。米开朗琪罗是一位充满战斗激情的伟大爱国者，他想把《圣经》中少年大卫的形象塑造出来，当作保卫佛罗伦萨共和国的象征，他想让全体人民都像大卫一样保卫祖国。

他花了3年多的心血，终于把一座高约5.5米的"巨人"大卫像雕凿出来了。他塑造的大卫，全身赤裸，左手上举，握住搭在肩上的"甩石带"，右手下垂，仿佛拿着一块石头。大卫怒目直视前方，做好了竭尽全身力量给敌人致命一击的准备。

为了讨论大卫的安放地点，佛罗伦萨市政府特地成立了一个委员会，最后确定把巨像安放在市政厅门前，作为市民政治理想的象征。

揭幕仪式这一天，佛罗伦萨全城欢腾，就像欢度盛大的节日一样，人们沉浸在无比的欢乐之中。

直到今天，《大卫》雕像仍然是世界最伟大的艺术珍品之一，是艺术家学习雕刻的楷模。

《创世记》的"神话"

米开朗琪罗是个性格倔强的艺术家。有一年，罗马教皇接连三次下令，要米开朗琪罗立即返回罗马，为教皇的陵墓雕凿几十尊雕像，被这位伟大的艺术家拒绝了。教皇气得派兵进攻佛罗伦萨,米开朗琪罗这才答应去罗马。

这时,一些嫉妒米开朗琪罗的人在教皇面前说他的坏话,教皇又改变主意,让他去画西斯廷礼拜堂的天顶(天花板)壁画。那些人以为米开朗琪罗只会雕刻,不会画画,画天顶壁画肯定会让他丢丑。米开朗琪罗虽然被迫承担了这项不愉快的任务,但他一进入创作境界,就立即忘我地工作起来。米开朗琪罗对艺术的追求和热爱使他把一切个人恩怨都抛在脑后了。

从1508年到1512年,这幅名叫《创世记》的不朽作品耗费了米开朗琪罗4年多的心血。为了画好这幅画,他把自己锁在教堂里,除了为他研磨颜料的人,不准任何人进去。作画时,他必须躺在18米高的脚手架上,弓着腰,仰着脖子去画。时间一长,他的背都驼了。由于光线太暗,他的眼睛也坏了。到《创世记》完成时，37岁的艺术家看上去已经像一个老人了。这是他一生中最艰苦的创作。

天顶画创造了一个宏大的"巨人的世界"。天花板中央是《创世记》的9个场面：《区分黑暗与光明》《创造日月和动植物》《创造鱼和海中其他动物》《创造亚当》《创造夏娃》《逐出乐园》《洪水》《挪亚醉酒》《挪亚筑祭坛》。这9幅画的四周是关于基督祖先的故事，包括12位男女先知和许多装饰性人体，总共画了343个人物，其中有100多个是比真人大两倍的巨人形体。通过这幅巨画，米开朗琪罗赞美了人的崇高和伟大。

教皇在看完这幅巨画后只提了一个问题："在以前的图画中，大多数圣人和使徒的圣衣上都画着大量的金锈，你为什么把这些金锈省掉了呢？"

"教皇,"米开朗琪罗直率地回答,"那时候的善男信女们都是贫穷而朴实的,他们有信仰,但是没有金子。"

原来,米开朗琪罗是有意不画上金锈的,他这样做,是为了讽刺当世的"信徒"们有金子,却丢掉了信仰。这也是艺术家对宗教虚伪和社会黑暗的强烈抨(pēng)击。

《夜》的赞美诗

米开朗琪罗不仅是一位艺术大师,而且是一位伟大的爱国者,保卫共和国的忠诚战士。

1529年,佛罗伦萨人民举行起义,选举了共和国的领导,抵抗入侵的西班牙和教皇的军队,祖国处于危难之中。米开朗琪罗立即赶回佛罗伦萨,担任了城防工事建筑的总指挥,和起义的人民一起保卫共和国。

经过11个月的浴血奋战，佛罗伦萨被占绝对优势的敌军攻占了。米开朗琪罗又被迫去完成美第奇礼拜堂的雕刻任务。他虽然放下了手中的武器，但仍然用画笔进行战斗。他把满腔的悲愤都倾诉在他的雕像创作中。1534年，米开朗琪罗完成了《晨》《昏》《昼》《夜》四座男女雕像。

《夜》是艺术家用来表达自己的思想感情的杰出作品。它表现了一个很不舒服地沉睡着的妇女形象，她的左腿下有一只象征夜的猫头鹰，左臂下有一个表情惊愕（è）的面具，表明她正做着一场噩（è）梦。

米开朗琪罗的一个好朋友看见这座雕像后惊叹不已，他对米开朗琪罗说：

"我看得出，尽管夜是黑暗的，但她的体

魄是那样的强健,这是一个正在酣睡的生机勃勃的巨人,一旦醒来,将焕发出不可战胜的力量。"

"是的。"米开朗琪罗对朋友的锐利眼光非常赞赏,"这正是我想要表达的东西。"

"我觉得,这是被蹂躏的意大利的真实写照。"

这位朋友按捺不住内心的激动,当场为《夜》写了一首赞美诗,送给米开朗琪罗,诗文是:

夜,为你所看到妩媚地睡着的夜,
那是受天使点化过的一块活的石头;
她睡着,但她具有生命的火焰,
只要你叫她醒来,
——她将与你说话。

米开朗琪罗也写诗答复了他的朋友：

睡眠是甜蜜的，

成为顽石更是幸福的，

只要世界上还有罪恶与耻辱，

不见不闻、无知无觉，是最大的快乐，

——不要惊醒我吧！

米开朗琪罗用这首诗解释了《夜》的创作思想。

寄托人类的希望

米开朗琪罗在艺术上的雄心，并没有因为年龄的增长而减弱，他于1535年冬到1541年秋，花了6年的心血，创作出罗马西斯廷教堂的大型壁画。他完成这幅名为《最后的审判》的巨作时，已经是66岁高龄的老人了。他在创作中，有一次从脚手架上摔下来，摔断了腿，可他仍然坚持作画，可见他的坚强意志。

《最后的审判》描绘了《圣经》中世界末日到来时的情景，基督把老百姓召集到自己面前，分出善恶，善良的灵魂升入天堂，丑恶的灵魂被打入地狱。画面有约200平方米的面积，共画了200多个巨人，表现了艺术家对人的赞美。

这幅画还没画完就遭到教皇手下人的反对，那人向教皇告米开朗琪罗的状，说：

"他都画了些什么呀，大多数人物都不穿衣服，这样的画只能放在酒馆里，怎么能在神圣的教堂里出现呢！"

当教皇派人来，叫米开朗琪罗给那些人物

穿上衣服时，米开朗琪罗直截了当地让来人传话给教皇，说：

"请告诉教皇大人，照料人们的肉体是我的事，照料人们的灵魂才是陛下的事。何况修改一幅画本来是件很小很小的事，用不着他老人家操那么大的心，还是让他把世界修改得好一点儿吧！"

米开朗琪罗为什么坚持不给他笔下的人物穿衣服呢？原来，在当时基督教会的统治下，人体一直被看作"灵魂的牢狱"，米开朗琪罗极力歌颂人的力量和健美，是对封建教会的大胆反抗。

如果说米开朗琪罗的《创世记》赞美了人的崇高和伟大，那么他创作的《最后的审判》除了继续赞美这种崇高和伟大外，还寄托了艺术家对人类未来的美好希望。

"对艺术刚刚入门"

米开朗琪罗一生都没有停止过创作,直到他89岁生命终止的那一天。

他没有结过婚,把全部身心都献给了自己热爱的艺术事业。

1564年1月12日,米开朗琪罗忙着雕凿基督像,站着整整干了一天。两天后,他还在倾盆大雨中骑马外出。四天后,他就离开了人世,至死他的神智都十分清醒。

临终前,米开朗琪罗对生命即将结束并不感到遗憾,而是无限感慨地说:

"我知道我要死了,正当我对艺术刚刚入门的时候,本来,我还打算创作我的真正的作品呢!"

这就是艺术家的遗言，他对自己的艺术成就永远不感到满足。

法国著名作家罗曼·罗兰把米开朗琪罗的经历称作"神圣而痛苦的生涯"，他用诗一般的语言把米开朗琪罗比作"文艺复兴时期的高峰"。

米开朗琪罗的作品中闪烁着英雄主义光辉，对后世产生了深远的影响。同时，他的道德品质和他的艺术观点、艺术方法，直到今天仍然受到人们的尊重和推崇。

伦勃朗

（1606—1669）

光与影的大师

伦勃朗·哈尔曼松·凡·莱因是荷兰著名画家，他的一生多曲折，但其孜孜不倦地追求艺术的更高境界，并给后世留下了数目可观的艺术遗产。伦勃朗运用光影的技术十分精湛，他善用浓重色彩的透明背景衬托聚光效果的主体事物，揭示人物的内心活动，最为人们所熟知的作品有《杜普教授的解剖学课》《夜巡》《浪子回家》《圣家族》等。

天生的画家

1606年7月15日,伦勃朗出生在荷兰莱顿。那时,莱顿正处在一场革命风暴之中。

伦勃朗的童年时期,当地已经不再有狂风暴雨似的武装斗争,但社会正处在急剧的转折之中,他的父亲整天忙他的磨坊生意,母亲是个面包师的女儿,后来成了一个勤劳的家庭主妇。然而他们并没有忽视孩子的文化教育,甚至把他送入了莱顿大学。

可是,伦勃朗天生是要做画家的,那时的大学里没有艺术系,不教绘画。过了不太长的一段时间以后,伦勃朗就再也耐不住性子了,于是便退了学,转到当地一家画坊里当了学徒。3年后,他又到阿姆斯特丹,跟一位较有名气的新派画家学习了半年多。回莱顿后,他便独立作画了。他画的主要是他本人的自画像,以及一些亲友的肖像。他虽然还没有自己独特的风格,但各方面技巧已经渐渐成熟起来。

去首都"火"起来

有一天,伦勃朗对他的伙伴说:"我看,在家里练画也练得差不多了,无论如何得出去闯闯。现在革命了,不再像过去要依附一位贵族,但画家也得吃饭,得凭画画的本事挣饭吃。"

于是,伦勃朗就去了首都阿姆斯特丹。先是到处乱闯,后来被一位有钱的画商看中,有机会画出大型油画《杜普教授的解剖学课》,获得极大成功。文艺复兴以来,解剖成为一门既时髦又冒风险的学科,所以画解剖课的人并不算少。但以往这类题材的画，大都是把一大帮神情呆板的人平铺在画面上。伦勃朗没有这么简单地处理这幅集体肖像，他让教授及其解剖对象处于画面的主要位置，其他人则被以金字塔形结构安排在解剖桌的后面，并运用明暗对比的手法，使画的主体充分突出出来。这幅画使他获得了极高的声誉。再加上，他又娶了画商的女儿萨斯基亚为妻，有机会接触众多的富裕主雇，以至大批的订单源源而来。伦勃朗真的一下子"火"了起来。

在一幅题为《画家同他的妻子萨斯基亚》的画上，春风得意的伦勃朗打扮得像一位骑士，正兴高采烈地举杯祝酒，年轻貌美的妻子横坐膝头，转眸而笑。画中的人自负地笑着，让人很难想象那是一位杰出的艺术家，倒像是一个乱世中的狂妄的军官。然而，伦勃朗可用不到谁来为他瞎操心，再舒适的生活都不会令他堕落，再顺遂的处境也不会让他懒散。他每天依旧异常勤奋地作画，不仅在宽阔的画室里，也在肮脏的小巷中；不单画雍容的贵妇人，更画朴实的劳动人民。

伦勃朗画了许多宗教题材的画，可是你并不会想到他是一位宗教艺术大师，而只会认为他是画情节画的能手，因为他是"按照荷兰农妇来画圣母的"（马克思语）。伦勃朗宗教题材的作品中，最著名的是《圣家族》。伦勃朗是完全按照一个普通木匠家庭的样子来画这幅《圣家族》的。如果不是左上角的那几个小天使，你怎么也不会看出这是一幅宗教画。画面上最主要的位置画的是一位正在照看婴儿的妇女，要不是她手捧一本大书，便完全是一个地地道道的"荷兰农妇"。在她身后的暗影中，可以看到她丈夫正俯身做木匠活儿。母亲怕干活儿的声音会打扰孩子的酣睡,俯下身去探视,并拿了件衣物想替他遮盖一下。作为《圣家族》,这幅画上的婴儿就是耶稣,"荷兰农妇"是圣母玛利亚,丈夫是木匠约瑟。

文艺复兴发生在欧洲中世纪晚期,是一场促进了整个社会发生巨变的伟大的文化运动。伦勃朗是文艺复兴末期的代表性艺术家之一。如果用伦勃朗的《圣家族》一类作品与早期的意大利文艺复兴的巨擘们相比,可以明显地看出社会与文化的进步。

《夜巡》事件

1642年,对伦勃朗来讲,是个倒霉的年头。首先是他的妻子早早去世了,这使他十分悲痛。随后，他又因一幅为军官们画的集体肖像而得罪了大批有钱的主顾。

那幅有众多人物的肖像被后人称为《夜巡》或《夜警出征》。从这名字你就可以知道，那实在不大像一幅肖像画，倒像是一幅颇具戏剧性的历史画。画面上一大群军人正在长官的带领下准备出征，这很容易让人联想到不久前发生的那场武装革命。画虽很有生机与动感，但多数人被放到了不显眼的位置，这使雇主们十分恼火。明暗对比手法用得有点儿过，以致整个画面显得非常昏暗，看上去像是夜景。这画反映了伦勃朗在艺术上的刻意探索。然而，雇主们可不管这些，他们断然拒绝了这幅画。对艺术的执着，使伦勃朗表现得十分固执。结果，雇主们坚决要求退货并赔偿。

妻子的去世和生意的挫折，使伦勃朗悲伤

到了极点。朴实美丽的斯托费尔丝对他十分同情。她既是他的仆人,又为他做模特,这时又照料起他的生活。两人渐渐亲密起来。那些正在寻机报复伦勃朗的家伙立刻把他的"丑事"四处宣扬。一下子,所有有钱的主顾都不上门了。上门的只有债主。

伦勃朗负债累累,债主们如狼似虎。伦勃朗的收藏都被夺走了;家具和住宅也被夺走了。别人夺不去的只有他对艺术的追求,以及斯托费尔丝爱他的心。他便带了这两样在阿姆斯特丹及其四郊游走,细心观察他所遇见的一切事物,画下了大量作品。他的画失去了以往那种激动人心的风格,变得很沉静。这是一种脱俗,脱去了所有的肤浅,而日益深刻。

晚风萧瑟

伦勃朗始终以卖画为生，但是他的画再也卖不出大价钱。就像他曾指责社会对其他一些画家做的那样，他的作品价格被压得特别低，低得令人愤怒。事实上，他的艺术价值为社会所接受，还要再过近百年。

伦勃朗没有向社会低头。艺术上，他不顾社会接受与否，不管画卖得价钱如何，始终坚持自己的探索。生活中，他宁愿丧失一切地位、名誉和财产，宁愿接受教会的审讯和处罚，也要勇敢地与心爱的姑娘正式结为夫妻。

艺术的探索，前妻留给他的爱子，还有给了他极大帮助与安慰的斯托费尔丝，构成伦勃朗后半生的全部生活。儿子提图斯是一个英俊少年，伦勃朗也曾为他画像。画中的形象既漂亮又很像伦勃朗本人。画像凝结着老父的脉脉深情。为了生活，为了让爸爸有更多的时间和精力去从事艺术创作，提图斯跟继母斯托费尔丝合伙开了一个小画店，专卖爸爸的画。价钱虽然不高，但爸爸作品多，薄利多销，一家三口的吃住和伦勃朗的作画材料总算有了着落。

终于有一天，有人又想起了伦勃朗，请他为市政厅画一幅大型油画。伦勃朗以古代历史中的巴达维亚人争取独立的故事为题材，画了《克劳迪亚斯·西维利斯的密谋》。为此，他做了非常充分的技术准备，画了许多素描和设计稿。然而，正式画的时候，工程还没有结束他就与当局闹崩了。问题仍出在艺术鉴赏方面，当局怎么也不同意按伦勃朗本人的意愿与风格来画这幅画，而伦勃朗是绝不在艺术上让步的，他宁愿日后仍被冷落在街角上，仍然发愁他的画卖不出价钱。

说起来可真是祸不单行。一年后，贤惠的斯托费尔丝竟去世了！伦勃朗再次受到沉重打击。这时的伦勃朗已经非常坚强，他非但没有沉沦下去，反而更加发奋努力。就在妻子去世的1662年，他竟画出了比以往还多的画。

伦勃朗晚年视力有所下降，体力也不及从前，所以自17世纪60年代中期起画得就少了一些，但技法始终在不断地完善。他的画，笔法豪放，色彩浓重而绚丽，具有极强的纵深感和表现力。明暗处理仍是他强化构图效果、揭示心理矛盾最得力的手法。他常用的那种手法，就像是给主要人物来了一个特写，在昏暗的舞台背景下，打出一道强光，使需要表现的主体完全突现出来。在晚年的自画像上，伦勃朗是一个已经直不起腰的随和的老人。他披着旧衣，戴顶布帽，嘴巴半张，强颜苦笑。豪放的笔触，凝重的色调，刚好表现出坎坷人生留给他的那种沧桑的面貌。

1668年，这位苦命的老人再次遭到致命打击。他心爱的儿子竟然英年早逝，成了"白发人送黑发人"！

伦勃朗还能挺得住吗？不行了。转年他就去世了。他临终前曾画了一幅画，叫作《浪子回家》，画上没有喜悦与欢笑，而是异常的庄严。这幅画画于1669年，大概预示了伦勃朗的归去。

莫扎特

（1756—1791）

音乐神童

沃尔夫冈·阿玛多伊斯·莫扎特，奥地利作曲家。他是著名的音乐"神童"，一生创作出各种体裁的大小作品600多部。他的作品典雅、欢畅、绚丽、明朗，几个世纪常演不衰，其中，歌剧《费加罗的婚礼》《唐璜》《魔笛》是他的不朽之作。莫扎特虽然英年早逝，但他留下的美丽作品始终受到各国人们的喜爱。

更有趣的是钢琴

1756年1月27日,现今奥地利接近法国边境的萨尔茨堡白雪皑皑。圣诞节过去刚满一个月,大主教宫廷副乐长利奥波德·莫扎特家里添了一个小男孩。父亲给他起名叫沃尔夫冈。

严厉的父亲,慈祥的母亲,亲爱的姐姐,再加上小沃尔夫冈就是一个温馨祥和的四口之家。

姐姐玛利亚·安娜比莫扎特大5岁。莫扎特3岁的时候,父亲开始每天按时在客厅里教姐姐弹大键琴(旧式钢琴)。姐姐弹琴,莫扎特就在一边摆弄他的各种小玩具。可是看起来比玩具更吸引他的是姐姐弹的那架琴。琴声常常使他停下自己的游戏,惊奇地注视着琴键,有时甚至还偷偷蹭到姐姐身旁,伸出小手,试探着碰几下琴键。

他越来越喜欢钢琴，常常闹着要弹。有一次，他找到一个三度和弦，高兴得咯咯笑起来。他可以一个音一个音地试着弹出姐姐常弹的曲子。父亲高兴地发现这孩子身上有难得的音乐天赋，第二年就开始教他弹琴了。

莫扎特第一次正式坐上琴凳就迫不及待地要开始演奏。爸爸站在旁边，把他的小手轻轻地从键盘上挪开，缓缓地说："先得学会很熟练地单手弹奏。瞧，单手。这是C，就从这儿开始。"

莫扎特进步非常之快，快得常使爸爸兴奋不已。他不仅手指灵活有力，而且记忆力特别强。一首小步舞曲，他用不了半小时就弹熟了。

初试作曲

一个星期四的下午,爸爸回到家,发现莫扎特手里抓着一支笔,面前摊着一堆五线谱纸,装得像个大人,正忙着什么。

那时他刚4岁,还没有学会写字。

"你在写什么呀?"爸爸走上前,假装严肃地问道。

"写一首钢琴协奏曲,"莫扎特一本正经地回答,"马上就写完了。"

"让我看看。"

"不。还没写完呢,现在还不太像样子。"

但爸爸仍然坚持把纸拿了过去,仔细一看,不禁"啊"地惊叹了一声。尽管满纸涂鸦,但莫扎特真的写出了一些很像协奏曲的东西。爸爸激动得眼泪都要流出来了。

"赞美上帝,赐给我一个天才儿子!他确是天才,而且是神童!"爸爸心说。

莫扎特的确是神童,是音乐神童。他还不会写字,就能书写音符。一写就写出了旋律,就是在尝试作曲了!仅仅一年之后,5岁的莫扎特便真的写出了一首结构完整的小步舞曲(作品第一号)。

1764年,8岁的莫扎特创作《大调第一交响曲》。这部作品至今仍在音乐会上演奏,并广为流传。

"走穴"扬名

今天人们常把演艺界的某些巡回演出称为"走穴",其实巡回演出是很传统的,在莫扎特时代就已经十分流行,而且莫扎特做巡回演出还特别多。在他总共只有36个年头的一生中,巡回演出就占去了15年。

莫扎特"走穴"是从6岁开始的。也许是因为那时父亲实在确信他是个真正的神童了,便带他和姐姐一起去了慕尼黑。

事情是这样的,6岁的莫扎特刚刚开始学习小提琴。在这以前父亲就常请几位朋友来家练习小提琴三重奏。莫扎特总央求要参加,但小提琴必须经过长期的严格训练,否则音都拉不准,所以父亲每次都冷冷地拒绝。这一次,莫扎特竟不停哭闹起来,说什么也非得要拉不可。父亲无奈,只好允许他跟着大人一起拉第二小提琴。过了一阵,第二小提琴手渐渐停止了拉琴,十分惊异地望着莫扎特独自演奏。这个还没有经过严格训练的孩子,虽然指法凌乱、弓法无章，却能一个音不差地拉完整个乐章，而且一口气就拉了6部作品。

"这真是罕见……"

"难能可贵……"

"绝无仅有……"

大家七嘴八舌地赞叹起来。

他的的确确是神童，一定得为他创造机会！父亲暗暗下定了决心。

莫扎特姐弟俩在慕尼黑的演出大获成功。当年9月他们又去了维也纳。人们在赞叹莫扎特天资聪颖的同时，也向他提出种种古怪的难题，来考考他。莫扎特必须想尽办法，巧妙应答，简直有点儿像是记者招待会。

"你这演奏，我就弄不懂……"一位贵族在神童演奏之后发问。

"当然，除了著名音乐家瓦根塞尔，很少

有人能够了解……"莫扎特机警地闪避。

可是没想到人家真的请来了瓦根塞尔。莫扎特为他演奏钢琴协奏曲。瓦根塞尔激动得站起来,走过去,亲手为他翻乐谱。

从第二年起,莫扎特开始了一次历时三年的长途巡回演出,先是在德国南方城市,随后是巴黎、伦敦等。在法兰克福,14岁的歌德观看了7岁神童的演出。歌德长大成为举世闻名的大文豪后,还念念不忘这个被"套上大人衣物耍音乐把戏的可怜的小猴子",并且一直希望能由莫扎特来为他的《浮士德》配曲。

莫扎特轰动了欧洲。回到萨尔茨堡时他已经10多岁。大主教很为莫扎特的轰动而得意,但是他又说:"才这么大点儿的孩子,摆弄摆弄乐器也许还真行,可要说作曲我就不信了。"

于是,他让莫扎特独处一室,给一个星期

的时间，要求他写一部歌剧。结果，莫扎特10多岁写出了他的第一部歌剧。

1768年，莫扎特的歌剧《巴斯蒂安和巴斯蒂安娜》在维也纳上演。

不再做"奴隶"

莫扎特17岁被正式录用为大主教宫廷乐师。但待遇很低，而且没有多少自由，用莫扎特自己的话说，过的简直是"奴隶生活"。

在莫扎特生活的时代，音乐家要么是业余的，只能在劳动之余搞点儿音乐；要么就得依附于某位贵族统治者，地位与一般奴仆没有多少区别。

1781年，25岁的莫扎特随大主教去维也纳。他给朋友写信说，吃饭的时候，他是和仆从们共处一桌，"两个贴身男仆坐首位，我倒有幸坐在厨师的上手！……仁慈的大主教靠奴仆们发财、荣耀，却只逼他们干活儿，什么也不给他们。"莫扎特对大主教不满，大主教则骂他是"懒汉、恶棍、流氓"。宫廷还拖欠莫扎特的报酬。莫扎特去索要，虽然拿到了可怜巴巴的一点儿钱，但那位做主管的贵族把他骂得狗血喷头，临了还在他屁股上踢了一脚！就这样，莫扎特忍无可忍地与他的贵族保护人分了手。

莫扎特成了自由音乐家，事业上取得杰出成就，但没有固定收入，生活得不到保障。生活之路在莫扎特脚下越来越崎岖坎坷。可是，他说："生活的苦难压不垮我。我心中的欢乐不止属于我自己，我把它注入音乐，好让世界都感到欢乐。"

欢乐献与人间

在1781年与大主教宫廷决裂以前,莫扎特已经开始寻找合适的工作,但一直找不到。愤然离开大主教以后他更想方设法地寻觅,但仍找不到。这反促使他更拼命地进行音乐创作,好以最出色的作品去换回多一点儿的生活资料。莫扎特越来越深地沉浸到音乐之中,美妙的旋律、杰出的作品源源不竭地由他笔下喷涌而出。莫扎特的音乐像欢乐天使飞临欧洲许多城镇上空,给所有人都带来欢乐。

1786年莫扎特写出《费加罗的婚礼》,这是全世界人民至今最喜爱、最熟悉的歌剧之一。它的素材来自法国戏剧家博玛舍的喜剧《费加罗三部曲》。阿尔马维瓦伯爵的理发师费加罗和伯爵夫人的女仆苏姗娜就要结婚了，但伯爵却百般阻挠，机智、勇敢的费加罗戳穿伯爵一个又一个的诡计，巧妙地冲破阻挠，终于和他的心上人幸福地结成伉俪。歌剧十分诙谐地揭露和抨击了封建贵族的腐朽和愚昧。

在《费加罗的婚礼》排练过程中，当歌唱家们第一次与乐队合作，饰演费加罗的男中音唱出第一幕咏叹调："凯鲁比诺多么荣耀，当兵作战立功劳……"大家便感觉到了这部不朽歌剧的那股让人难以抗拒的魅力。所有在场的人，不约而同地站立起来，向可敬的作曲家欢呼："伟大，伟大，莫扎特！"

那年5月1日，这部歌剧在维也纳首次公演。剧院里挤满了人，热烈的情绪前所未有。欢呼叫好的声音一浪高过一浪，剧情不断被中止，许多段落在观众的强烈要求下一再重唱，

第三幕伯爵夫人和苏姗娜的小二重唱反复唱了三遍！演出在无限制地拖长，以致坐在包厢里的奥地利皇帝约瑟夫二世不得不下令禁止"再来一个"。

莫扎特的辉煌成就给他带来很多经济收入，但沉浸在音乐创作中的莫扎特却越发放任不羁，根本不可能学会理财，更不可能学会精打细算地生活，而他的妻子也完全不会操持家务。由于他们的收入不是固定的，两口子一有钱很快就花光，没钱以后生活便异常窘迫。

一个严寒的冬日，天正下着鹅毛大雪，有位朋友来到莫扎特家里，发现两口子正搂在一起跳舞,屋里冷得墙上地上都结了厚厚的白霜。

"我说大师，你有那么多智慧去创作音乐，怎么就不知道天冷了得生火？房里冷得手都伸不出，还有雅兴教妻子跳舞！"朋友口中喷着白气说。

"上帝呀,我再傻也知道天冷得生火,可是,既然已经再也借不到钱来买木柴,我们总不能坐在那儿等着冻死,就只好起来蹦跶蹦跶了,运动取暖嘛!"莫扎特回答。

朋友听了,震惊地说道:"不用说,你们一定也已经有好多天没吃饱饭了,看你夫人脸色有多憔悴。"他转身离去,不久带回了几捆柴火和一包食品。

骄子归天

在普通人心目中,莫扎特的名字是何等的伟大,那么多美妙的音乐都来自这位天才。人们赞誉他是"天之骄子"。可是谁能想象他的生活又是这么清贫、苦涩。音乐本身经常就充当着他果腹的食粮。但音乐毕竟只是音乐，起不到什么物质作用。莫扎特的健康一天天损坏了。

1791年7月，正当他撑着日趋衰弱的身体进入《魔笛》创作的最后阶段，一位身材高大，脸色阴沉，披着灰色斗篷的人突然来到他家，要替一个无名主顾委托他写一首《安魂曲》。

这神秘的不速之客放下一小袋金币就走了，而莫扎特心头却陡然蒙上了一层不祥的阴云。他突然谈论起死亡，认为神秘使者的来访与自己的末日有关，《安魂曲》正是为自己而写。无论别人怎样劝解和开导，他都固执地坚持这一想法。

两个月后，歌剧《魔笛》上演了，像往常一样也获得了巨大的成功。然而莫扎特的心情并没有因此而开朗起来。他忙不迭地投入了《安魂曲》的写作。这次写作异常艰难，这不仅是由于莫扎特心头的阴云，更是因为他的身心真的两竭了。进入12月，莫扎特完全垮下来，卧床不起。

12月4日，有几个朋友来探望莫扎特，围坐在病榻前，同他一起试唱了《安魂曲》已经写完的部分。当唱到"热泪盈眶"这一章——"末日来临，热泪盈眶，罪人们……"莫扎特突然失声痛哭，并把谱子扔到地上，说："我不可能完成这部作品。今晚你们一定会看见我死在这儿，我的舌头上早就有死人味了，这预示着我的死亡即将来临。"他转过身又指着被扔在地上的《安魂曲》，对妻子说："我早就说过，它是为我自己写的！"

这天午夜，他突然坐直了身子，目不转睛地凝视一圈，随后把头一扭，重又睡下。

不久，他被发现已经溘然长逝。

莫扎特死了，天降大雪。雪大得一片片贴到人脸上，让人不但睁不开眼睛，就连呼吸都费劲儿。

莫扎特一贫如洗，家徒四壁。妻子身上一个钱也没有，经好心人帮助才勉强被允许把他埋入郊外一处穷人的公墓。

一辆旧马车顶着漫天飞雪，急促促赶往郊外。还没到墓地，送葬的人就走光了。可能有一位虔诚的教士草草执行了给莫扎特做墓前祈祷这一无比光荣的使命；又有一位墓地管理人匆匆掩埋了这位被誉为"18世纪奇迹"的天才音乐大师。

至今没有人知道莫扎特的安息之地。但莫扎特这位天才音乐家留给人们的思念，却随着他那动人的音乐永远留驻人间。

贝多芬

(1770—1827)

奏响命运的交响曲

路德维希·凡·贝多芬，德国作曲家，有"乐圣"的美誉。他的《英雄》《欢乐颂》《悲怆》《月光曲》等，是我们家喻户晓的作品。其作品具有强烈的艺术感染力和宏伟气魄，将古典主义音乐推向了高峰。然而，贝多芬大部分作品都是在他双耳接近失聪的情况下创作的。可以说，贝多芬所表现出的不屈精神，本身就是一部自强不息的交响曲。

故乡神童梦

古老的莱茵河,带着一股粗犷的雄风,从瑞士东南部的阿尔卑斯山,流经列支敦士登、奥地利、法国、德国、荷兰,在鹿特丹附近注入北海,"仿佛一颗巨大的灵魂,无数的思想与力量在其中流过"。

公元1世纪,一支罗马军团来到莱茵河畔,在中游一带安营扎寨。这样便有了波恩——这个贝多芬诞生的城市。

贝多芬的父亲约翰,本来是一位出色的宫廷乐师、男高音歌手兼音乐教师,可是后来他日益嗜酒,以致整天昏昏沉沉。母亲玛利亚·玛格达琳娜嫁给约翰之前是个守了3年空房的寡妇。贝多芬是她和约翰的第一个孩子,他下面还有两个弟弟。

父亲小时候也曾被人当"神童"捧过,很小就在皇家教堂中唱童声"女"高音,12岁显示出演奏小提琴和古钢琴的才能。长大后他对自己的处境不满意,更对自己的酗酒恶习无可奈何。神童莫扎特的成功使他深受刺激,于是他便希冀将儿子培养成卓越的音乐家、第二个莫扎特,但不要像莫扎特那么贫穷。这样,贝多芬从4岁起就被父亲"钉"在了古钢琴前。同时,他还要学习小提琴。但父亲的教育方法很不得当,非常生硬粗暴,他只凭凶狠的训斥和拳头逼迫孩子尽量长时间地练习乐器演奏技巧。

父亲常把贝多芬锁在房间里,强迫他无休止地练琴,有时夜间喝酒回来,还把睡梦中的孩子拉起来弹琴,并且动辄鞭打。罗曼·罗兰评论说，这没有使贝多芬"永远厌恶这艺术（指音乐）总算是万幸了"。

贝多芬7岁被送入一所初等学校，学习一般文化知识，到10岁就辍学了。他的文化修养几乎完全是靠自学。

在仅有的3年学校教育期间，父亲也没有放松对贝多芬的音乐训练。1778年3月，他还把儿子领到科隆去进行了首次公演。尽管他把贝多芬说成是自己"6岁的小儿子"，尽管儿子显露了非凡的音乐天才，但演出并未获得父亲所希望的那种轰动效果。

在音乐训练过程中，贝多芬很早就表现出创作的欲望和才能。他时常会脱离乐谱而自编自奏。而他的父亲一点儿也不注意培养孩子的创作意识。

良师益友

父亲曾为儿子请过很多音乐教师,但谁也没能对他的艺术修养产生显著影响。直到1781年贝多芬11岁时遇到聂夫。

聂夫指导贝多芬练通了巴赫的《钢琴十二平均律》,教他学会了"通奏低音"记谱法。聂夫也曾过分苛刻地批评贝多芬最初的作曲尝试,但他更多的是告诉孩子应该如何以正确的方法去尝试作曲。

在聂夫的教导下,贝多芬得以迅速成长,年仅11岁就代理聂夫的宫廷管风琴手职务;13岁便作为副管风琴手在宫廷乐团中开始领取薪水;尤其是在1783年,13岁的他竟正式出版了作品《九首钢琴变奏曲》(C.小调)。

这时《音乐杂志》真的评论他"无疑将是第二个莫扎特"了。

聂夫不仅对贝多芬艺术进步有较大帮助，而且对他的思想品格也产生了积极影响。聂夫"憎恨卑劣的侯爵甚于憎恨强盗"，主张"为美德而奋斗，不屈不挠；反抗邪恶；对不幸者同情与慰藉；消灭不可救药的恶棍；对弱者宽大；对无学识者教育；澄清谬误……"

1784年，老侯爵死了，奥地利皇帝约瑟夫二世的弟弟弗朗茨继承了爵位。他仿效他的哥哥试图做个开明君主，在波恩建立了新式大学，并请来一些出身低微而又具有进步思想的学者在大学任教，使这里也成了启蒙运动的中心之一。贝多芬亦受益其中。

那时，贝多芬结识了冯·布鲁宁一家，以及魏格勒和华尔斯坦伯爵等人，同他们建立了终生友谊。华尔斯坦伯爵从经济上给了贝多芬很多帮助。同时，这几位朋友使他广泛接触了文学、哲学、科学、政治等方面的经典著作。在他们的鼓励下，只上过三年小学的贝多芬在1789年甚至报名到波恩大学去旁听过哲学课，具有启蒙思想、拥护法国大革命的施耐德是他尊崇的教授。资产阶级反封建的口号"自由、平等、博爱"深深地打动了贝多芬，他在自己的笔记中写道："自由！能有什么东西比它更是人们所需要的呢？"后来，他一生的音乐创作都是围绕从黑暗到光明，为自由而抗争的战斗精神这样一种主题而进行的。

然而，就在贝多芬艺术上、思想上取得长足进步的同时，生活中却充满了苦涩。1787年，他失去了幼时唯一能够给他温暖与慰藉的母亲。两年后，贝多芬取代父亲做了一家之主，因为父亲已经心衰力竭,酒精中毒到了不可救药的地步。贝多芬不得不三番五次地把他从警察手中赎回来。

扬名维也纳

1792年,贝多芬的父亲故去了。这一年,22岁的贝多芬永久地告别了他的故乡波恩,去了音乐之都维也纳。

维也纳是帝国首都,它当时要比波恩大20倍。明媚的多瑙河从它的北部流过,广阔的维也纳森林位于它的西南部。维也纳不仅风景秀美,而且艺术繁荣,长期以来一直是欧洲的文化中心之一。这里的王公贵族大多拥有杰出的乐队和作曲家,并以举办高品质的沙龙音乐会引以为荣。许多贵族及其女眷自身也都具有良好的音乐素养。而且，街道上、市场上、手工艺匠人的作坊里和大众游艺会上，处处可闻由六弦琴、竖琴、小提琴奏出的日耳曼或斯拉夫的民间曲调。

贝多芬17岁时曾来过维也纳，当时是为了向莫扎特求教而来的。他见到了31岁的莫扎特。莫扎特称赞他钢琴弹得不错，尤其是即兴演奏，并预言："请注意这个少年，他不久就会使世人惊叹。"可是，由于母亲病危，贝多芬匆匆赶回了波恩。

1791年莫扎特去世了。贝多芬又拜有"交响乐之父"美称的海顿（1732—1809）为师。跟海顿学作曲，正是贝多芬此次来维也纳的主要目的。

贝多芬随海顿学习了将近一年，但收获很少。于是从第二年起，他便改向其他人学习对位法、声乐创作、意大利歌剧术语及创作法、诗体学等艺术理论，同时继续尝试作曲。

这时期最使贝多芬赢得声誉的是钢琴演奏。

1794年初，贝多芬作曲并演奏的几首钢琴三重奏引起了很大轰动。当这些作品出版时，贝多芬首次赢得了大批贵族预订者。

1795年3月25日和26日，"大音乐家联盟"在维也纳为孤儿寡妇举办了两场义演。这种可以让公众自由观赏的公开演出当时还不多见，被称作"大音乐会"。贝多芬以钢琴演奏家和作曲家的身份参加了这两场义演。他弹得生气勃勃，他的"柔板"充满了浪漫气息。《维也纳杂志》报道说："著名的路德维希·凡·贝多芬先生博得了大众全心全意的赞扬。"

随后，他两度与老师海顿联名举行音乐会，受到热烈欢迎。他还到布拉格、德累斯顿、莱比锡、柏林等地做旅行演出,全都获得了极大的成功。贝多芬的名字被广泛传扬开去。

成功与不幸

1796年,他踌躇满志地写道:

"勇敢啊!虽然身体不行,我的天才终究会获胜……25岁不是已经到来了吗?……就在这一年上,全部才华应当显示出来了。"

他写信给魏格勒描述自己的成功:"譬如我看见一个朋友陷于窘境,倘若我的钱袋不够帮助他时,我只消往书桌前一坐,顷刻之间便解决了他的困难……你瞧这多美妙……我的艺术应当使可怜的人获益。"

贝多芬成了一颗耀眼的明星,许多人开始记述对他的印象。奥地利朝廷的一位官员在日记中写道:"英雄作曲家身材不高,头发蓬乱竖立,经常不梳洗,他有一张带麻点的丑面孔,眼睛小而发光,身体内每部机器似乎都在不停地运动。"

另一位贵族说:"无论谁初次见到贝多芬,如果对他不了解,一定认为他是个存心不善、脾气暴躁、爱争吵的醉汉,不会有多少音乐细胞……但如果已经听到他的声望和荣誉,那么在他丑陋的面孔上,通过他的每一个表情,也确实可以看出他的音乐天才。"然而,就在他全部才能展现的1796年,对于音乐家来讲最大的不幸——耳聋,悄悄地向这位崭露头角的成功的年轻人袭来。

太惨了,贝多芬才只有二十多岁,他的音乐生涯其实才刚刚起步,真正重要的作品还没有写出来。

贝多芬的耳朵不断鸣响,听觉日益衰退。也许是精神压抑所致,他的内脏也在剧烈地疼痛。他独自守着这可怕的秘密,竭力不使它泄露出去,结果,他本来就孤僻的性格更显得古怪了。

1801年,他第一次向朋友承认自己的不幸时写道:"我过着一种悲惨的生活。两年来我躲避一切交际,因为我不可能与人谈话——我聋了。要是我干别的职业,也许还凑合,但在我的行当里这是可怕的遭遇啊……只要有可能,我愿和我的命运挑战;但有些时候,我竟是上帝最可怜的造物……隐忍!多伤心的避难所!然而这是我唯一的出路!"

他想到了死,甚至写下了遗嘱。不过,"是艺术留住了我。在我尚未把我感到的使命全部完成以前,我觉得我不能离开这个世界"。

《悲怆》与《月光曲》

贝多芬的坚忍是令人惊异的。他对付巨大精神折磨的办法不仅仅是隐忍,他还依靠更加勤奋的创作和更加勇敢的演出。

贝多芬大部分作品创作于听力出了毛病的1796年之后,而在他写下遗嘱的1802年以后,他的创作活动进入了辉煌的高峰期。这个高峰期大约持续到1812年。

"我要扼住命运的喉咙。它决不能使我完全屈服——噢!能使生命活上千百次将是多美啊!"

创作于1797年至1798年的钢琴奏鸣曲《悲怆》是贝多芬音乐创作走向成熟的重要标志。这首奏鸣曲以戏剧性的"沉着而缓慢"的和弦开始,通过它那深刻的"表情"和激动人心的"柔板",再到剧烈紧张而富有"挑衅性"的最后的"快板",表现了对过去的埋葬和对未来的憧憬。

曾有一位德国诗人把贝多芬的《月光曲》比作瑞士琉森湖上的月光。多数评论家认为它是作者对失恋和耳疾的痛苦与失望情绪的宣泄。也有人形容这是"从远处、远处,好像从望不见的灵魂深处忽然升起静穆的声音。有一些是忧郁的,充满了无限愁思,另一些是沉思的,纷至沓来的回忆,阴暗的预兆……"

英雄与命运

贝多芬一方面独自默默忍受着疾病的煎熬,另一方面以频繁的创作来求得心理平衡和与不幸的命运抗争。他多希望能够痊愈！

"噢！如果我摆脱了这疾病，我将拥抱世界！"他充满希望地说道。

然而，他的听力仍在逐步丧失，没有办法阻止。声音在他的现实世界里越来越模糊，而在他的精神世界中却依然那么响亮。这样，他便渐渐摸索到并且掌握了在无声世界中创造美妙动人旋律的技巧和能力，后来在双耳完全失聪的情况下，仍能够从事音乐创作。这简直是空前绝后的例子，真可以说是以奇迹的方式创造出了奇迹般的音乐的奇迹！

贝多芬深受启蒙思想家们的影响，衷心拥护1789年以来的法国大革命，拥护大革命的"自由、平等、博爱"精神和大革命中建立起的共和制度，"希望波拿巴建立起这个制度来，替人类的幸福奠定基石"。拿破仑·波拿巴一度成为贝多芬心目中的自由的"胜利之神"。他以此为题材,于1802年至1804年创作了《第三交响曲》。

"我是在心灵与肉体双重创伤下完成这部交响曲的。它是我灵魂的呐喊,是我生命的讴歌。"贝多芬怀着异常激动的心情说。

他准备了一份漂亮的抄本,封面上工工整整地写着:"大交响曲:拿破仑·波拿巴"。贝多芬打算把它献给自己所崇敬的英雄。

然而恰在此时,拿破仑登基做了皇帝。贝多芬的一位学生把这消息告诉了他。

"这是真的?"贝多芬吃惊得瞪大了眼睛,怎么也不敢相信,"做皇帝?!"

"拿破仑一世皇帝,举行了盛大的加冕典礼。"学生毫不含糊地加以肯定。

过了好久,贝多芬才发出一阵怒吼,向桌

子冲去:"那么他也不过是个凡夫俗子!现在他也要践踏人权,以满足他的个人野心了。他也将骑到人民头上,成为一个暴君!"

他抓起那漂亮的抄本,一把撕去封面,连揉带扯地把它弄碎,狠狠掷到地板上。

第二年,《第三交响曲》公演,贝多芬亲自担任了首场指挥。再过一年,当这部作品公开出版时,封面上写着:"英雄交响曲:纪念一位逝去的伟人"。

第五交响曲《命运》,也是反映贝多芬音乐主题和风格的典型作品。有人说:"贝多芬就是在这部交响曲上成为一个巨人的。"第一乐章简洁紧凑,开门见山地冲出这样一个节奏强烈的曲调。这个曲调不但构成第一乐章的全部主题,而且贯穿整个交响曲始终。贝多芬说:"命运就是这样敲门的。"

拿破仑的一个老兵听到这部交响曲，激动得跳起来喊道："天哪，这就是皇上！"

恩格斯喜爱这部交响曲，曾赞叹说："假如你没听过这部壮丽的作品，那等于你一生没听过什么好的音乐。"

著名音乐家门德尔松曾用钢琴为歌德弹奏这部作品。他承认，"这是壮丽宏伟、惊心动魄的音乐，简直要把房子震坍了！亏了只有一架钢琴在演奏，否则还不知会怎样呢。"

烈火般的终曲

拿破仑失败以后，1814年至1815年维也纳会议建立的新的"神圣同盟"将整个欧洲带入了反动的复辟时期。德意志诸侯的数目减少了一些，但他们旧日的权力却得到了巩固。奥地利首相梅特涅实际上成了扼杀进步、镇压革命的"神圣同盟"的政治领袖，维也纳变成了欧洲最黑暗的反动中心。

贝多芬彻底丧失了听觉，经济上日益陷入困境，"国家的现状"更加重了他的痛苦。

一段时间内，他的作品减少了，但不久后，他便创造了更惊人的奇迹——他的第九交响曲《合唱》。

这是人类最雄伟壮观的乐曲之一。它激情澎湃，气象万千，规模之宏大在音乐史上是空前的，尤其第四乐章插入的合唱和独唱，冲破了传统体裁规范，为交响乐的发展开辟了新途径。双耳完全失聪的贝多芬不仅成功地进行着音乐创作，而且还在技法上大胆创新。这是怎样的奇迹！

在欧洲令人窒息的沉闷中，贝多芬采用德

国诗人席勒的《欢乐颂》作为终曲的主题，不啻是对无限黑暗提出的庄严挑战，是对人民发出的强有力的呼唤：团结战斗，胜利终将属于人民。

这哪里是普通的交响曲？无怪在它首次公演时当局甚至出动大批军警维持秩序。贝多芬，这位受尊敬的聋子，竟然亲自指挥了这部规模空前的大型交响曲的演奏。观众对他报以五次热烈的掌声，而按惯例皇室成员出场人们也只以三次掌声致意。

演出结束时，贝多芬非常激动，久久伫立原地，完全不知道观众在对他喝彩，直到一位女中音歌手走上前，牵住他的手，使他转过身来，面对观众，他才发现人们正在欢呼，把帽子抛向上空，狂喜地摇动手里拿着的任何物品，甚至相互紧紧地拥抱……这一天是1824

年5月7日。

　　三年后（1827年）的7月26日，是一个风雨交加的日子。一声霹雳之后，弥留中的贝多芬从病床上坐起身子，伸出一个拳头，双目瞪视窗外，片刻后，走完了他57岁传奇的一生。

　　魏林格公墓中的那块墓碑上写着："他是艺术家，同时也是一个最崇高的人……"